AF338469

PAUL BRANDAT

ET

FRÉDÉRIC PASSY

LA
COLONNE

PRIX : 25 CENTIMES

BREST

IMPRIMERIE U. PIRIOU, RUE DE LA MAIRIE, 13 *ter*.

1871

LA COLONNE

LETTRE A M. FRÉDÉRIC PASSY

Secrétaire général

De la Ligue internationale et permanente de la Paix

Timour-Beg, un Napoléon de l'Asie, bâtit jadis un édifice avec des ossements humains.

Pendant un de mes voyages à la côte d'Afrique, le roi de Dahomey, guerrier de profession, élevait, à la mémoire de son père, un gigantesque tombeau de briques pétries avec du sang humain. Selon les besoins de la construction, on égorgeait le nombre voulu de prisonniers.

Si, d'après Victor Hugo, un monument n'est pas un simple amas de pierres, mais une idée sociale incorporée, il est difficile d'établir une différence entre l'édifice du roi de Dahomey et

> Ce bronze que jamais ne regardent les mères,
> Ce bronze grandi sous les pleurs ;

qui n'est en somme, lui aussi, aux yeux de l'esprit, qu'un immense entassement de débris humains.

Certes, le renversement de la Colonne est un crime.

Si jamais il y eut une propriété nationale, c'est celle-là. La France entière l'avait payée d'assez monstrueuses hécatombes, d'assez de hontes en 1814, 1815 et 1870... Les scélérats de la Commune ont commis un vol public.

Mais, nous n'hésitons pas à le dire, la réédification décrétée est un déplorable retour vers des préjugés funestes.

Le moment est mal choisi pour parler de *gloire*, de cette gloire surtout qui nous coûte tant d'humiliations aujourd'hui.

A vous, Monsieur, il appartient, en vertu du mandat si honorable et si lourd que vous remplissez avec tant de dévouement, de répéter encore au public :

« *Un jour de gloire coûte des années d'amertume.* »

Vous l'avez mille fois crié, sans doute, mais vous parlez à des sourds, il faut crier plus haut encore.

L'esprit révolutionnaire est la conséquence nécessaire du *culte de la force*, idolâtrie cachée sous le nom de conquête et de *gloire*. Le vrai progrès s'accomplit au *nom du droit* et *par le droit*.

Ah ! c'eût été une noble fête, une fête bénie de Dieu, si à la grande Exposition universelle, ce concile du travail, le peuple français eût convié les travailleurs de toutes les nations à renverser, au son d'un orchestre européen, ce symbole de guerre ; car *la paix, la paix seule, absolument seule*, peut émanciper l'ouvrier.

On prête à M. de Bismark ces paroles : « Dans toute insurrection de Paris, il y a un grain de bon sens. »

Si, dans l'horrible tragédie dont nous sommes à la fois spectateurs et victimes, ce grain de bon sens se montre quelque part, c'est dans cette affirmation de la solidarité des travailleurs, condamnés à la misère par des conquérants au nom de la gloire.

Mais appeler les peuples au banquet fraternel aux cris des mourants, à la lueur des incendies, c'est un crime d'abord, puis une imbécillité.

A nous seuls, *serviteurs du droit, apôtres de la paix*, il convient de parler de l'émancipation des travailleurs, parce que nous détestons le *culte de la force* sous ses deux formes les plus monstrueuses, la guerre civile et la guerre étrangère; parce que la paix seule donne à la fois la moralité, la justice et la richesse.

Le renversement et la réédification de la colonne Vendôme sont des signes du temps assez graves pour que le secrétaire de *la Ligue internationale et permanente de la Paix* nous dise comment il les apprécie; son sentiment sera, comme toujours, celui de la *ligue* tout entière.

Paul BRANDAT,

Membre de la Ligue internationale
et permanente de la Paix.

A M. PAUL BRANDAT

Membre de la Ligue internationale et permanente
de la Paix

—————

Pornic, 30 Mai 1871.

Monsieur,

Le 9 janvier 1869, dans cette place de Metz qui
alors menaçait l'Allemagne, et qui aujourd'hui me-
nace la France, une foule émue remplissait la grande
salle de l'Hôtel-de-Ville.

Cette foule écoutait une conférence, une conférence
contre la *guerre*.

Un enfant de Metz, un enfant de l'arsenal, au terme
d'une longue carrière consacrée à enseigner à tous,
— par la parole toujours, et par l'exemple plus encore
que par la parole, — l'élévation incessante de l'intel-
ligence et la purification du cœur ; M. B. Faivre, un de
ces humbles devant lesquels s'incline tout ce qui a
quelque sentiment de la vraie grandeur, occupait la
chaire. Triomphant, pour l'occuper ce soir encore, du
poids d'infirmités cruelles et du poids plus lourd de
deuils accablants, il venait une dernière fois, avant
de se taire pour toujours, entretenir ses concitoyens

de leurs intérêts et de leurs devoirs. Il leur parlait *du respect* : du respect qu'on se doit à soi-même, en qualité d'être moral et libre; et du respect qu'on se doit les uns aux autres : « de peuple à peuple aussi bien que d'individu à individu. Loi divine, » à la violation de laquelle peuvent être rapportés tous les maux et toutes les dégradations de l'espèce humaine; et qui semble, disait l'orateur « aussi ignorée des nations les plus civilisées qu'elle peut l'être des hordes sauvages de l'Illinois ou du Dahomey. »

Comme preuve de cette absence presque générale de respect mutuel, M. Faivre citait ces souvenirs de batailles, ces inscriptions, ces trophées, *très-beaux* pour les vainqueurs, c'est possible, mais *très-laids* pour les vaincus (1) : ici la colonne Vendôme ou l'arc de l'Etoile, là le lion menaçant de Waterloo.

Souvenirs et trophées bien peu propres, remarquait-il, « à apaiser les vieux ressentiments toujours prêts à renaître; » et dont on comprendrait mieux le caractère au fond peu honorable si l'on voulait, comme le dit le vieux proverbe messin, *prendre* un peu plus *son cœur par autrui.*

Et, développant cette pensée, le noble vieillard ajoutait :

« Au lieu de cette interminable énumération de
» sanglantes batailles, je voudrais qu'on lût sur nos
» arcs de triomphe, en caractères qui se vissent d'une
» lieue : LE PEUPLE FRANÇAIS REGRETTE D'AVOIR ÉTÉ

---

(1) Lorsque le grand-duc Constantin visita Toulon, des officiers de marine, comprenant ce sentiment, cherchèrent à lui dérober la vue des canons pris à Sébastopol. Le grand-duc s'en aperçut, et avec un sourire plein de gravité il leur dit : « Ne vous donnez pas tant de peine, Messieurs, *nous en avons autant chez nous.* »

» OBLIGÉ DE SE DÉFENDRE. IL PRIE LES NATIONS QU'IL A
» COMBATTUES D'EFFACER DE LEUR MÉMOIRE CES PÉNI-
» BLES SOUVENIRS, ET DE LUI PARDONNER S'IL A OU-
» TREPASSÉ LES BORNES LÉGITIMES DU DROIT ET DE LA
» JUSTICE. Je ne sais ; mais il me semble que le peuple
» qui le premier aurait le courage de donner un pa-
» reil exemple serait le plus grand que le soleil eût
» encore éclairé. »

Ces paroles, dont l'impression sur l'auditoire fut
profonde, et qui ne rencontrèrent nulle part, — je le
sais, — plus d'écho que dans le cœur des intelligents
officiers de la garnison messine, se trouvent, comme
la conférence tout entière, dans la 7ᵉ livraison de la
Bibliothèque de la Paix, imprimée, dès le mois suivant,
par mes soins, avec l'approbation expresse du Comité
de la *Ligue internationale et permanente de la Paix* (1).

Je me crois donc en droit de dire qu'elles expri-
maient alors, et j'espère qu'elles expriment aujourd'hui,
plus que jamais, les sentiments communs de tous les
hommes de cœur qu'une même répulsion pour les
massacres passés, une même et trop légitime appré-
hension des massacres à venir, avaient depuis peu
groupés en un faisceau, hélas ! insuffisant, contre les
entraînements inconsidérés, les faiblesses coupables,
et les calculs plus coupables encore, qui entretiennent
dans le monde l'exécrable et stupide prestige du meurtre international.

Toutefois, Monsieur, le déchaînement de la violence, dès qu'il dépasse les proportions d'un trouble
accidentel et passager, a deux effets, également funestes.

Il porte, par la vivacité des émotions et par la pré-

(1) Chez Pichon, libraire, rue Cujas, 14, à Paris.

cipitation des faits, le trouble jusque dans les plus fermes esprits ; et je n'oserais garantir que tous, même les plus équitables et les plus sages, nous soyons demeurés, depuis un an, ce que nous étions jadis et ce que nous nous croyions certains d'être toujours.

Il sépare les personnes en brisant autour d'elles les liens matériels, alors même qu'il ne fait pas disparaître sans retour les personnes elles-mêmes ; et c'est en vain, depuis neuf mois déjà, que nous avons, un ou deux membres de notre Comité et moi, essayé de nous rejoindre et de nous réunir, fût-ce par correspondance, à nos anciens collègues, pour reprendre ensemble la tâche plus que jamais nécessaire de notre pacifique croisade. Nous y parviendrons, que ceux de nos amis anciens ou nouveaux qui liraient ces lignes n'en doutent pas, et surtout qu'ils y aident : mais nous n'y sommes pas jusqu'à présent parvenus.

Ce ne peut donc être, comme vous le paraissez désirer, *au nom de la Ligue de la Paix* ; c'est *en mon nom personnel*, et sous ma seule responsabilité, que je me permets de répondre aujourd'hui à la généreuse mise en demeure que vous me faites l'honneur de m'adresser dans la *Sentinelle du Finistère*.

Oui, Monsieur, puisque vous jugez utile que je le dise, je le dirai ; et déjà je m'étais demandé si je ne devais pas, à mes amis au moins, cette déclaration : comme vous je pense que le renversement de la Colonne a été un crime ; et comme vous je pense que le relèvement de la Colonne est une faute, encore bien que ce ne soit pas la statue du grand et stérile massacreur, mais la statue de sa principale victime, la France, qui doive reprendre place au sommet du funèbre monument.

Je comprends parfaitement, je tiens à le dire, le

mouvement de protestation indignée sous l'influence duquel la proposition a été apportée à l'Assemblée; et je comprends l'unanime élan avec lequel l'Assemblée a acclamé cette proposition.

Plusieurs de mes amis, non moins dévoués que nous, assurément, aux idées qui nous sont communes, et dont l'énergique loyauté est incapable d'une faiblesse ou d'une complaisance quelconque, se sont associés à ce vote. Et qui sait si nous-mêmes, au même moment, et dans la même atmosphère, nous n'eussions pas avec eux levé les deux mains ?

Quoi qu'il en soit, et voyant, comme je les vois, les choses de plus loin, avec une douleur non moins poignante, à coup sûr, mais moins troublée peut-être et plus impartiale, il me semble, et il m'a semblé dès le premier jour, que, s'il avait dépendu de moi, un autre bulletin tout au moins aurait accompagné le bulletin de M. Tolain.

Le renversement de la Colonne a été un crime (à cet égard nul doute n'est possible) : parce qu'il a été accompli, comme ces autres destructions sauvages dont il était le prélude, au mépris des notions les plus élémentaires de la liberté, du sens commun et de la probité ; parce que ce n'est pas *la nation*, à laquelle seule — qui oserait le contester ? — appartenait ce bronze payé de son sang et de ses sueurs, c'est *une faction* : non, ce n'est pas même une faction, c'est UNE BANDE, — bande dans laquelle il y avait de tout, excepté des Français et des citoyens, — qui sans mandat, sans autorisation, sans titre ni apparence de titre quelconque, a jeté bas le trophée national ; comme elle s'était ruée, dès la première heure, sur les vrais citoyens, les vrais Français ; comme elle allait, à la dernière, se ruer sur les édifices publics et privés, dévoilant ainsi, avec la bestialité des instincts ignobles dont elle était animée, toute la perversité des grands malfaiteurs dont elle servait les desseins avoués ou secrets.

Crime inutile d'ailleurs, et par conséquent crime bête, — comme tous les crimes des partis, — qui, bien loin de faire disparaître, avec leur emblème matériel, les sentiments dangereux ou faux dont la Colonne, aux yeux de beaucoup, était la glorification justement odieuse, n'a fait que surexciter chez les uns, et réveiller chez les autres, par l'inévitable réaction du mépris et de l'horreur, les plus déplorables exagérations du chauvinisme mourant et les plus ridicules souvenirs de la légende du Césarisme moderne.

Crime contre le présent, et crime contre le passé ; bien d'accord, il faut le dire, avec cette niaise et barbare prétention de faire table rase des œuvres matérielles de nos pères aussi bien que des traditions, des idées, des lois de la nature humaine elle-même et de l'inévitable filiation qui relie ce qui est à ce qui a été. Ne fût-ce qu'à titre de témoignages et d'enseignements, ne fût-ce que comme points de repère en quelque sorte au milieu du mouvement des générations qui se succèdent, les monuments élevés par nos prédécesseurs sont un patrimoine sacré ; la nécessité seule peut nous excuser de porter la main sur eux. Que deviendrait l'histoire, en vérité, que deviendrait l'art, si, selon les antipathies des uns ou les caprices des autres, chacun, à tour de rôle, attaquait par le marteau ou par la pioche, par le pétrole ou par la dynamite, ce que le temps, à qui rien ne résiste, laisse subsister çà et là parmi ses incessantes destructions ? Et ici, Monsieur, je ne vous le cacherai pas, se trouve un point sur lequel je me sens obligé de me séparer un moment de vous.

Certes, je viens de le dire, la nation française, réellement représentée et réellement consultée, avait le droit, sauf à le regretter, de décréter la suppression de la Colonne. Elle pouvait même donner à cette suppression un caractère de grandeur qui eût laissé bien loin derrière-elle toutes les pompes des entrées triomphales et des couronnements les plus fameux.

Certes, je le reconnais, c'eût été une cérémonie magnifique et sans exemple que celle dont vous tracez en quelques lignes l'émouvant tableau. Et plût à Dieu (nous pouvons bien le dire en présence de toutes les ruines matérielles et morales offertes depuis en holocauste au démon de la violence et de la haine) ; oui, plût à Dieu que la répudiation de la politique de la force et l'ouverture de l'ère bénie d'une politique meilleure n'eussent coûté d'autre prix que le renversement des autels de la gloire et la mise au rebut des statues diverses de carnassiers, couronnés ou non, qui les décorent !

J'avoue, cependant, et j'ai peine à croire que vous ne soyez pas de mon avis, qu'il y a un spectacle qui eût été plus grand cent fois à mes yeux que celui des délégués des nations venant, au nom du grand jury international du travail et de la paix, *exécuter* sous les regards du monde le vieux monument de l'orgueil des uns et de l'humiliation des autres. C'eût été le spectacle de la France le purifiant, — comme ces repaires païens convertis par le christianisme en sanctuaires du Dieu de justice et d'amour ; — et faisant du symbole même du vieil esprit de destruction et de haine le symbole de l'esprit nouveau de fraternité et de progrès.

La France, — la France pacifique et libre, — venant, au pied de la *colonne mortuaire*, se souvenir enfin des foules ignorées dont la pensée de quelques-uns seulement rassemble autour de ce mémorial les ombres éparses ! La France, honteuse des illusions et des passions sous l'influence desquelles elle a trop longtemps donné à ses ennemis, aux ennemis du genre humain, la place due aux vrais grands hommes et aux vrais hommes de bien, descendant de son piédestal, en un jour de calme, le rêveur impuissant qui a immolé à une ambition sans but cinq à six millions de ses semblables, et en son lieu installant solennellement l'image de quelque modeste héros du bon sens et de la vie pratique, le sage américain par exemple, citoyen et bienfaiteur des deux mondes, dont l'existence entière est le modèle de la saine morale et du succès mérité, Benjamin Franklin ! La France, enfin, sur ce socle offert à tous les regards, et devant lequel s'arrête à toute heure la foule à toute heure renouvelée des représentants de toutes les contrées et de toutes les races, inscrivant spontanément ce touchant appel à l'oubli, à la bienveillance, *au respect mutuel*, dont elle aurait eu l'honneur de donner l'exemple aux autres nations !... Voilà, Monsieur, s'il suffisait de souhaiter pour obtenir, ce que j'aurais souhaité à ma patrie et à la patrie des autres. Voilà comment, au lieu de la renverser dans la rage pour la relever dans l'indignation, j'aurais voulu que la France immortalisât, dans une joie sereine, cette Colonne que tout Français alors, que tout homme, quelle que fût sa naissance, aurait pu être réellement fier de contempler : trophée de vraie gloire désormais, de gloire vraiment pure, impérissable et également chère à tous.

Maintenant la Colonne est par terre, et il s'agissait de savoir s'il était désirable qu'elle fût relevée. Vous estimez que non.

Vous affirmez que plus d'un préjugé, plus d'un faux point d'honneur, plus d'un souvenir amer et d'un ferment dangereux de discorde internationale et intérieure sera relevé avec elle. Vous affirmez que maint noble cœur, maint généreux esprit, en France et hors de France, sera contristé, blessé, irrité peut-être par cette résurrection qui forcément aura aux yeux de beaucoup le caractère et les conséquences d'une restauration.

Je le crois comme vous ; car comme vous je crois que c'est, la plupart du temps, en s'obstinant à remettre sur pied, dans l'état primitif, tout ce qui tombe, que l'on provoque autour de soi de nouveaux écroulements et de nouveaux désastres.

Comme vous je crains qu'autour de cette Colonne, abattue par les uns, rétablie par les autres, des passions et des rancunes de plus en plus ardentes ne se donnent rendez-vous : la statue de la Patrie, debout dans sa désolation au sommet, ne suffira pas longtemps, j'en ai peur, à tenir en respect tant de mains pressées de prosterner la patrie aux pieds de nouveaux maîtres, ceux d'hier, d'avant-hier, ou de demain.

La vue du fût brisé, trop fidèle image de ce qu'ont fait de la France les partis aussi aveugles que coupables qui s'en disputent les lambeaux, aurait-elle eu la vertu de faire reculer quelque peu ces mains parricides ? Je ne sais : mais du moins le symbole eût été saisissant, et le sens n'en eût pu échapper à personne.

Et c'est pourquoi, Monsieur, si j'avais pu être de ceux dont la parole pèse dans de si graves questions, j'aurais essayé de faire comprendre que, si les monuments sont sacrés, les ruines parfois ne le sont pas moins, et qu'il est des deuils qu'il ne convient pas d'effacer.

A la place de la Colonne détruite, ou sur les restes de la Colonne mutilée, j'aurais, au nom de la France, au nom de l'humanité, demandé qu'on inscrivît tristement le souvenir de ceux dans le sang desquels les pères ont ramassé le bronze et la pierre dont elle était faite, de ceux dans le sang desquels les fils ont fait retomber, en la défaisant, le bronze et la pierre. J'aurais voulu qu'à tous, Français ou étrangers, soldats ou citoyens, vainqueurs ou vaincus, opprimés ou oppresseurs, ces ruines, pleines de tant de misères et de larmes, tinssent le même langage ; qu'à tous elles redissent à jamais ce que coûtent tour à tour et le despotisme et la licence, et la guerre extérieure et la guerre intérieure, et l'enivrement de la victoire et l'exaspération de la défaite, et les divisions des peuples et les fureurs des partis.

Il n'en sera point ainsi, puisque autrement en a décidé l'Assemblée, seule en droit, — ni vous ni moi ne sommes disposés à le méconnaître, — de prendre à cet égard, quant à présent, une décision. Inclinons-nous ; et reconnaissons même, parce que c'est la vérité, qu'en ceci l'Assemblée, fidèle expression du pays, n'a fait que traduire en loi par son vote ce qui était dans la plupart des cœurs.

Mais, en nous inclinant, — comme le doit faire en toute occasion tout homme pour qui la liberté n'est pas un vain mot, — devant la manifestation régulière de la volonté nationale ; en donnant, quoi qu'il nous en puisse coûter parfois, l'exemple de ce respect absolu de la loi sans lequel il n'y a qu'anarchie et chaos ; regrettons, comme c'est notre droit, que la volonté nationale ne soit pas, — par le fait même de ces habitudes de violence réciproque qui substituent trop aisément la colère à la discussion, — plus sérieusement éclairée et plus fermement maîtresse d'elle-même. Faisons, comme c'est notre devoir, cette incessante et impartiale critique de la loi sans laquelle il n'y a ni progrès, ni dignité, ni patience. Poursuivons, enfin, par tous les moyens en notre pouvoir, et avec la conscience de travailler également et pour la France, en feu hier, et pour l'Europe, qui sera en feu demain si elle ne s'amende ; poursuivons notre guerre, — guerre loyale, mais sans trêve, — à cet esprit d'illusion, d'orgueil, de cupidité, de haine, de guerre et de militarisme, en un mot, dont les trophées passés et présents sont les trop nombreux et trop populaires témoignages, et avec lequel, vous avez raison de le dire, il s'agit aujourd'hui pour l'Europe ou de rompre ou de périr.

Il faut choisir, dites-vous, entre l'art de produire et l'art de détruire, entre le travail et la dévastation, entre la politique de la vie et la politique de la mort. Il le faut d'autant plus que la puissance de destruction aujourd'hui, — la preuve est sous nos yeux, — est telle que rien, si la sagesse n'arrête la main de l'homme, n'est plus capable de résister devant cette main. Il le faut, parce qu'il est honteux, quand on est, par la science, arrivé à tenir sous son joug pour ainsi dire la nature entière, de ne savoir commander à la nature que des œuvres de malédiction et de colère. Il le faut, parce que c'est à prendre ou à laisser, et que c'est en vain qu'on prétendrait dire, comme quelques-uns : « Qu'importe la guerre avec le reste du monde, pourvu que nous ayons la paix avec nous-mêmes ? » On ne se divise pas à volonté en deux parts : douceur ici, férocité là ; équité et travail au dedans, rapine et injustice au dehors. On ne peut servir Dieu et Mammon.

« Quand on laisse subsister, sous les regards de tous, l'exemple et l'habitude de la violence ; quand on fait plus, quand on les exalte, quand on les glorifie, on ne peut s'attendre à ne rencontrer sur son chemin que la modération et la douceur. Une nation qui, prise en masse, honore le meurtre, et place au premier rang de ses titres la continuation en grand du crime de Caïn, ne peut être, prise en détail et dans le cours habituel de la conduite privée, composée d'hommes absolument inoffensifs et bien profondément pénétrés de ce qu'ils doivent à la tranquillité de leurs semblables. Il y a là un péril de premier ordre ; *un* PÉRIL SOCIAL *autant au moins qu'un* PÉRIL INTERNATIONAL ; et il y aurait folie à n'y pas songer. « *On ne joue pas avec le feu,* dit-on, *on ne joue pas davantage avec le fer.* »

Je prononçais ces paroles il y a plus de deux ans, Monsieur, — le 10 février 1869 ; — et vous les pouvez retrouver dans le même volume que celles de M. B. Faivre. Je ne me sentirais pas le courage de triompher de la trop accablante confirmation qu'elles viennent de recevoir. J'ajouterai seulement, et je ne ferai que reproduire encore votre pensée, que j'aurais pu dire avec non moins de raison : *On ne joue pas avec le vol.*

On s'étonne en ce moment, on se scandalise, on se révolte, — et certes il y a de quoi, — de l'effronterie et de la stupidité de ces misérables de bas étage qui s'imaginent s'enrichir en détruisant et améliorer leur condition en mettant tout au pire. Mais pendant ce temps de *grands politiques,* — ils le croient du moins et le monde le répète sur leur parole, — montent au Capitole comme ayant accru, par leurs heureuses entreprises, la puissance, la richesse et la prospérité de leur patrie. Qu'ont-ils fait d'autre pourtant que de ravir, en y laissant une partie de leur propre vêtement, un lambeau du vêtement d'autrui ? Ils ont, au prix de la plus pure substance de ceux pour qui le territoire est fait, ajouté quelques fragments de cantons. dévastés à l'expression géographique qui représente le territoire ; ou porté, en foulant aux pieds tout ce dont le respect importe à l'existence d'un ordre social quelconque, la désorganisation, la ruine et le désespoir chez d'autres peuples, leurs alliés hier dans la grande lutte de tous contre l'ennemi commun, le besoin ; leurs acheteurs, leurs vendeurs, *leurs clients*, pour ne pas dire leurs amis et leurs frères.

Beau sujet de se réjouir en vérité, et bien digne de tant de chants de triomphe ! Le mot du *Bonhomme,* — un véritable observateur, celui-là, — sera-t-il donc toujours de mise, et serons-nous éternellement condamnés à redire, en présence des gigantesques *âneries* des peuples et de celles de leurs conducteurs :

Le plus âne des deux n'est pas celui qu'on pense?

La conclusion, Monsieur, — je la répète tristement avec vous en vous remerciant une fois de plus de ce que vous ne cessez de faire pour mettre dans tout son jour la leçon des événements qui la proclament à l'envi ; — la conclusion, c'est, comme vous le dites fort bien, que *le culte de la force n'est pas seulement un culte* IMPIE, *c'est un culte* IMBÉCILE.

Il est vrai, et ce n'est pas une consolation, qu'il se trouve parfois, parmi les grands-pontifes de ce culte maudit, des personnages dont les facultés puissantes auraient pu faire, avec une autre direction, des hommes vraiment grands. Il s'en trouvera aussi longtemps que la sottise humaine, éblouie par les exploits des héros de la rapine et du sang, s'obstinera à dresser des autels à ces « meurtrières idoles » (1) ; aussi long-

____

(1) ANDRÉ CHÉNIER.

temps que, pour porter plus haut la vanité de ce qu'elle appelle *leur gloire,* elle sera prête à élever en leur honneur des arcs de triomphe et des colonnes : dût-il, comme pour la colonne Vendôme, lui en coûter, par chaque mètre cube de pierre et par chaque mètre courant de bronze, des centaines de tombereaux de charcuterie humaine et des dizaines de millions pour la préparer.

Espérons, en dépit des apparences, que cet aveuglement ne durera pas toujours et qu'un temps viendra où la chair à canon, lasse d'être éternellement broyée, mettra enfin au rebut, parmi les vieilleries de la primitive alchimie sociale, le mortier de la gloire et ses pilons.

Ce temps n'est pas venu à ce qu'il paraît, et ce n'est pas impunément, — j'en ai fait l'épreuve, — qu'on se hasarde à dire tout haut qu' « *il y a mieux à faire avec du fer et des hommes que des canons et des cadavres* » (1).

Raison de plus, direz-vous, et bien vous direz, pour ne pas se lasser de le répéter.

Agréez, Monsieur, dans ces sentiments, la nouvelle expression de mes sentiments les plus distingués et les plus cordialement dévoués.

Frédéric PASSY.

Post-scriptum. — Je ne puis, à mon grand regret, laisser achever l'impression de cette lettre sans renouveler une déclaration faite cent fois, sous

(1) Discours prononcé au Grand-Théâtre de Bordeaux, le 10 février 1870, 4e livraison des documents de l'Association *du libre échange.*

diverses formes, et formellement consignée dans toutes les publications de la *Ligue internationale et permanente de la Paix*, mais qui n'a pas eu la vertu jusqu'ici d'empêcher des confusions persistantes.

Je répète donc, pour la cent-unième fois, et pour répondre à des réclamations récentes et graves, que la LIGUE INTERNATIONALE ET PERMANENTE DE LA PAIX, fondée à Paris au printemps de **1867**, *en dehors de toute préoccupation de* PARTI *et de* RELIGION, et toujours fidèle, en toute occasion, à son but EXCLUSIF, qui est « *la propagation des grands principes de respect mutuel* » entre les hommes et les nations, est et à toujours été entièrement distincte de l'association fondée plus tard, hors de France, sous le titre de LIGUE DE LA PAIX ET DE LA LIBERTÉ, et à laquelle ont été dus le congrès de Genève et plusieurs autres.

Aucune solidarité d'action n'a jamais existé entre ces deux œuvres, bien qu'à certains moments, et en juillet 1870 notamment, elles aient pu élever simultanément la voix contre les mêmes faits ou les mêmes tendances. Aucun membre du Comité de l'une n'a jamais, ostensiblement ou non, participé en quoi que ce soit à la direction, aux résolutions ou aux travaux de l'autre. M. Victor Hugo, en particulier, qui a présidé l'un des congrès de la *Ligue de la Paix et de la Liberté*, n'a jamais, *même à titre de simple adhérent*, fait partie de la *Ligue internationale et permanente de la Paix*.

Je n'ai donc point, *comme secrétaire de cette dernière*, à apprécier, ainsi qu'on me le demande, les dernières lettres de M. Victor Hugo. Je me borne à dire, pour mon compte personnel, que, si j'ai regretté, avec quelques membres éminents du parlement belge, la brusque expulsion de Bruxelles de M. Victor Hugo et les démonstrations agressives dont sa demeure a été l'objet, je n'avais pas moins vivement regretté, dès le premier jour, certains passages de la déclaration qui a provoqué cette expulsion et ces désordres. Ces passages sont peu compatibles, m'a-t-il semblé, avec ce véritable esprit de paix, ennemi *de toute haine et de toute violence*, qui inspirait si noblement le poëte alors qu'il présidait, en 1849, à Paris, un autre *congrès de la Paix*, moins tumultueux et plus émouvant que celui de Genève. M. Victor Hugo avait alors à ses côtés, avec le grand R. Cobden et d'autres illustres représentants de toutes les races, le célèbre pasteur A. Coquerel père et le regrettable abbé Deguerry, dont les mains se serrèrent fraternellement au nom du Dieu d'amour qu'ils servaient tous deux dans des temples différents. Lui-même tenait au fauteuil la place d'un archevêque, successeur de celui qui avait trouvé la mort en prêchant la paix sur les barricades et prédécesseur de celui que vient de frapper à son tour, d'une façon si affreuse, la plus épouvantable et la plus facile à prévoir des explosions de l'esprit de guerre.

Brest. — Imp. U. Piriou.